A MINHA POESIA É NOSSA

A MINHA POESIA É NOSSA

EDITORA Labrador

SUÉLIO FRANCISCO DE SOUZA

Copyright © 2020 de Suélio Francisco de Souza
Todos os direitos desta edição reservados à Editora Labrador.

Coordenação editorial
Erika Nakahata

Assistência editorial
Gabriela Castro

Projeto gráfico, capa e diagramação
Felipe Rosa

Revisão
Andressa Bezerra Corrêa
Laila Guilherme

Dados Internacionais de Catalogação na Publicação (CIP)
Angélica Ilacqua — CRB-8/7057

Souza, Suélio Francisco de
  A minha poesia é nossa / Suélio Francisco de Souza. – São Paulo : Labrador, 2020.
  128 p. : il.

ISBN: 978-65-5044-060-2

1. Poesia brasileira I. Título

20-1174   CDD B869.1

Índice para catálogo sistemático:
  1. Poesia brasileira

Editora Labrador
Diretor editorial: Daniel Pinsky
Rua Dr. José Elias, 520 – Alto da Lapa
05083-030 – São Paulo – SP
+55 (11) 3641-7446
contato@editoralabrador.com.br
www.editoralabrador.com.br
facebook.com/editoralabrador
instagram.com/editoralabrador

A reprodução de qualquer parte desta obra é ilegal e configura uma apropriação indevida dos direitos intelectuais e patrimoniais do autor.

A editora não é responsável pelo conteúdo deste livro.
O autor conhece os fatos narrados, pelos quais é responsável, assim como se responsabiliza pelos juízos emitidos.

Agradecimentos especiais

A Marcelino Taveira pelo importante elogio inicial
A Will Goya pelos importantes e cruciais retornos clínicos

*A minha poesia é nossa primeiro, depois é minha...
e depois é nossa.*

SUMÁRIO

INFÂNCIA E FAMÍLIA 11

POESIA COM PEQUI 23

DEUS E EU MESMO E AS PRECES
QUE ACHEI QUE NÃO FOSSE MAIS FAZER 33

MORTE E VIDA 47

ÀS NOSSAS CRIANÇAS
À MINHA CRIANÇA 57

SONHOS E DEVANEIOS 71

POESIA SOBRE POESIA 81

POESIA LISA E CABELUDA[+18] 93

HOMENAGENS 107

ET CETERAS POÉTICAS E
RETICÊNCIAS NO FINAL 117

INFÂNCIA E FAMÍLIA

Meu amigo cocô

Barracão da vovó; aconchego de vovó.
Armário de canto todo arrumadinho, paninho.
Túnel escurinho... meu cantinho.
Meu canto de poucas palavras: "Fiz meu amigo cocô!".

Meninice

O menino no mato coça a barriga. Há quem diga que ele
   é bom de briga! Se esgueira no capim, fininho... fim de
   vida de passarinho.
Pula o muro, sobe a mangueira até a telha.
Pedrada no anu, coça o cu. Pendura o penado pela perna:
   sordidez.
Mas não é maldade, tenha piedade!
Apenas meninice.

Meu pé de manga comum

O vento soprou num estrondo
escorregou da serra
por cima das lajes do muro
meu quintal.
Meu quintal semanal, dominical que seja, tem cereja e uma
    mangueira pesada, carregada.
O vento soprou num estrondo!
Me escondo, me arrisco
"um corisco descalço"
e as mangas dão porradas no chão!
O lodo no chão
não é problema, não
"sou o menino mais esperto do mundo".
Pequeno e esguio, escapo ligeiro! Como um capoeiro me
    safo
e corro pro abraço...
mamãe.

Quintal
um-quinto
minha porção.
Meu canto
cantigas de roda
brincadeiras.
Quintal
meu terreiro
minha religião.
Consolo
fogo
árvore
família
poesia.

Sobre os muros do quintal

Sentado à janela lembrei-me dos tempos
dos muros
do quintal;
da inocência da boa criança
dos tempos de criança
infinito
sobre os muros do quintal.

Sobre os muros do quintal
o menino permanecia observando atentamente a rodovia
    passar
o tempo, então, desapercebido
também permanecia
sobre os muros do quintal.

Sobre os muros do quintal o menino se equilibrava, se
    esgueirava e colhia cerejas vermelhas
tão vermelhas quanto a parte mais madura das mangas
    amareladas.

Na estrada os caminhões carregados passavam; na rua dos
    fundos os amigos alegres passavam e permaneciam. A
    brincadeira com certeza
sobre os muros do quintal, sobre as árvores
e na terra de limo.

Limoeiro, abacateiro, cajueiro, e as galhas da mangueira
sobre os muros do quintal.

Eu... vós

Vó... vou aí! Faz pra mim aquele bolo de panela e chá de canela? Vou escrever poesia.
A mãe do meu pai era branca e Rita; a mãe da minha mãe era cabocla e rica, rica em simplicidades de vó.
A mãe do meu pai me ensinou a beber o mel da garapa e a comer melancia quebrada na roça; a minha vó Tuca me ensinou a matar a mutuca, a dar "um tapa" na vida, torná-la simples, assim: bacia velha de cebolinhas verdinhas no quintal.
Terreiro sendo varrido com esmero... vovó na casinha da vovó.
Prateleira... quitanda... varanda... em seu colo
poesia.

Por que quando antes de entrarmos na chuva *prendemos* a respiração?! O coração do menino responde: é como mergulhar em um profundo oceano de lembranças e emoções. Inspiro então profundamente e... de cabeça, lá vou eu! Submerso nos pingos observo os peixinhos... os passarinhos em seus ninhos, e... finalmente, embaixo das asas da mamãe; no aconchego do carro do papai *liberto* a respiração.

13 de outubro

Ontem foi o Dia das Crianças; a maria-fumaça passou e eu
não dei nenhum *piuí*
nenhum pirulito colorido sequer às minhas crianças.
Ainda dá tempo, titio! Na volta do rio tem uma venda.
A encomenda: um saco cheio de pirulitos coloridos! Cheio
de cores para pintar
deixar mais doces e mais bonitos os nossos dias de criança.

Amarelo, azul, vermelho, espelho, boca lambuzada, poeira
da estrada...
Titio chegou.

Dias de paz, graças! O céu está negro, contudo estou feliz. As gatinhas estão recolhidas no aconchego da casa e sobre o capô. Mamãe, carinhosa, nos oferece leite quente após o jantar quente. Saúde para nós! Brindemos às reclamações juvenis recorrentes saudáveis. Provavelmente vai chover de madrugada, fazer um friozinho... Que bom seria dormir um pouco mais pela manhã. O café da manhã da vovó está quase pronto... pão de queijo como o vovô gosta. Será que ele vai pescar hoje?! Somente se as nuvens negras deixarem o céu azul. Graças!

Meu pé de limão (Minha roça)

Fiquei com vontade de plantar uma roça, pois nunca
   plantei.
Plantei somente o Meu pé de limão
Meu pé de laranja-lima ainda não li.
Li o Ziraldo; estripulias de menino
que quando menino levou marmitas à roça... papai e os
   meus irmãos estavam no eito. Um aperto no peito... um
   nó na garganta...
Vontade de voltar para a roça e plantar o que nunca plantei.

POESIA COM PEQUI

O meu cerrado é nosso

Belo é o cerrado.
Entortado
cinza-amarelado
um contraste.
Muitas cores de flores
muitos ramos
muitos anos
resiliência!
Permanece em súplica a cruz de aroeira sobre o Morro do
    Cupim...
Unha de cupim, canela d'ema, bico de perdiz...
O bago do tamboril cai aqui; o pequi na panela; o doce caju
    sobre a serra...
Serro a perna num espinho... um ninho, um nicho.
Lixo, não! Jogo o coco seco da macaúba, assobia.
Pia a codorna
pia a inhambu na moita de saroba.
Apanho o caju e do alto contemplo o nosso cerrado...
Aquém dos montes gerais
para além dos pantanais
em muitos terminais
Goiás.

Êxodo urbano

Eu não troco o meu ranchinho. Meu ninho redondo de
   palha ao pé da fornalha...
Pé de serra, pé de moleque...
Nosso doce amor sobre percevejos, embriagados.
Faltou sobriedade
balançou pra cidade
muita maldade.
Que saudades! A minha casinha de cipó é melhor!

(...) das caçadas embrenhadas, das mãos calejadas de
   prazer.
Viver
meu sertão.
E a minha Dona Maria Querida varre o pó do meu cafundó
do meu coração.

Tô na roça

Caço juriti ou pesco lambari? Tô na roça.
Coça, foi carrapato.
Sem sapato... rede... d'leite.
D'doce, não. D'sal com linguiça.
Porco solto come bosta.
Chucrice, quem disse que nóis não tem?!
Tem no terreiro: chiqueiro, galinheiro, galinha-d'angola,
    sacola pra panhá manga; goiaba, bacate, saudade
docê!

Lamparina

preto aéreo
estames vermelhos
algodão tecido
betume das profundezas ascendido
o lume da minha tapera.

Pamonha

Pamonha
ponha duas no meu prato esmaltado, por favor!
D'sal, d'doce ou à moda
deveras gostosa é a nossa prosa de arrudia.
Curia a paia, oh o coró!
Nó
barbante
berrante: Tá pronta! Desmonte a trouxa e...
Que apetitosa você é!
Tem com queijo e com linguiça; frango, jiló e pequi.
É nóis aqui na roça em celebração de tacho...
Um abraço pro'ceis, um abraço de pamonha amarradim!

Rio das Araras Vermelhas[1]

papel amarelo de tabaco
besouro preto
pacu pela boca
carne úmida de minhoca
água de pescar.

---

1. O Rio das Araras Vermelhas é o rio Araguaia.

Pescaria

Pescaria, um dia eu vou...
Mas pode ser amanhã
matrinxã, piau, lambari...
Ajeito a tralha, acendo a fornalha: peixe assado.
Sábado, domingo, o dia todinho.
De barco
de barranco... Aguenta o tranco, jaú fisgou!
Pescaria fisga a gente.
O rio não é meu.
O rancho é seu.
Pescaria, um dia eu vou...
Pescar vou voando
remando
remanso
aqui.

Escorrego a linha comprida...
Minhoca lombriga assanha a ânsia da gente!
Pescaria, um dia eu vou.

Capão de mato

Só sobrou um capão
e no capão um pouquinho
um pouco do resto, um restinho
restinga de tudo que existiu aqui.
No capão o coração da natureza ainda bate
bate o meu quando vai ao capão
faz-me sentir muito e pensar
pensar um pouquinho
pois restou muito pouco
um punhado de sementes na mão.
No capão o meu cansaço encontra alívio;
água escorrendo na grota
só restou um pouquinho.

DEUS E EU MESMO
E
AS PRECES QUE ACHEI
QUE NÃO FOSSE MAIS
FAZER

Deus e Eu Mesmo

A tua casa tem dois deuses; a minha somente um. Na tua casa há um deus bom e outro mau. Meu único deus é bom e mau. Meu deus é deusa também, é mãe de tudo; e as águas emergem de suas entranhas.

Da água ao vinho, da terra ao pão. Bebamos o vinho e comamos o pão. Bebamos também a santa cerveja; e a carne dentro do pão.

O meu deus é o Deus da Poesia. Foi ele quem realizou o Poema Primordial, escrevendo-o na Tábua do Aquém Temporal; declamando-o numa língua há muito tempo esquecida. Conquanto, ainda é possível ouvir seu murmúrio dizendo sobre o amor...

A última prece

Quando o poeta acreditava em Deus era bom.
Boa era a última prece do dia, um aconchego.
No escuro do quarto ele achava que falava com alguém.
Alguém
além
do teto.
Quieto
inquieto.
Desacreditar, ora é amedrontar
medo de morrer e não poder mais rezar.
Mas rezar para quê?! Para poder simplesmente rezar.
Um terço, um meio, uma missa inteira
quantas vezes
até...

Se você ainda não encontrou Jesus, no seu leito de morte também não irá encontrá-lo. Mas, por conseguinte, é certo o encontro. Um homem em vestes macias, doce como a mais doce das mulheres, irá lhe abraçar e mostrar-lhe as verdades sobre o amor. Aquelas que há tempos já deveríamos ter aprendido.

Meu Jesus misericordioso

Jesus olhou para mim... bastou-me o seu olhar.
Seus olhos bonitos naquele quadro bonito de coração e luz,
a luz do coração.
Sob a luz de um simples lampião, na Casa dos Mestres da Magia, Jesus me salvou; me ensinou a amar e, o mais importante, me ensinou a escrever sobre ele.
Difícil é amar
fácil é querer-te.
Difícil é perdoar
fácil é querer-te.
Quero os seus olhos, seus olhos de ternura... tenro será.
Macio é o seu manto
e o seu colo, como o de vovó. Um cafuné gostoso do meu Jesus misericordioso.
Morreu na cruz e agora vive nas nuvens em um quadro de luz
vermelho e azul.[2]

---

2. Inspirado no famigerado quadro de Jesus pintado pelo polaco Adolf Hyla.

A prece do fogo

Obrigado
pois as minhas mãos que, quando com cuidado foram
    estendidas, encontraram consolo
no seu colo: o carinho de um abraço quente e provedor
vida
alimento
amor;
e cinzas para todo o sempre...

Amém!

Uma prece sem palavras

Deus revelando-se à poesia; traduzido e reinterpretado

God é good
goose não é pato.
God é bad too
e o "Deus do Pessoa"
é um badeco.
Deus é bom e mau
para além do bem e do
mal; Nietzsche está
morto
e o meu deus está no
final.

        God é
           não é
         é   to

    é um   eco

para além

    e o   cus

                Deus É
                Não É
                É Para
       É Um Eco Para Além
            e o Eu's.

As grotas de Oxóssi

A imaginação voa e os veios lá embaixo... as grotas de
   Oxóssi. As serras são baixas vistas daqui. Cheias
   de passarinhos voando à sombra das árvores verdes,
   de todas as cores.
O vermelho sangue
a busca
o encontro da alma com a terra
minh'alma aventureira.

Meu pai do mato
símbolo importante
livrai-me do címbalo da serpente!
Me conduza com o seu arco e a sua flecha
pelos veios que escorrem de nossas serras bonitas.

Bonita e sorrateira é a juriti; ligeira, esgueirou-se da flecha!
Fincada no chão
uma moita de algodão... vou tecer um embornal
e apanhar frutas na mata.

(Okê arô!)

O meu paraíso fica aos pés da serra; o seu, aos pés do mar; o Éden, sobre as nossas cabeças, sobre nuvens inconsistentes. A queda é certa. O paraíso é certo. A *melhor casa de cada um* realizada em doces, feita de detalhes doces de cada um. A casa de Deus.

Numa grande dor a gente reza. Realizo uma prece escrevendo. Rogo por intermédio das palavras escritas por forças para enfrentar essa dor, essa aflição no peito, essa dúvida, esse *não saber*. Não sei rezar direito. Por isso, tento escrever direito esse bloco de palavras em forma de prece.

O cão à porta da igreja estava
alegre, parecia sorrir; sua dona
sorria sentada, parecia surtada.
O demônio sorriu para mim
enquanto eu passava;
e Deus permanecia lá dentro.

Meu deusinho querido

Queria agora um abraço de manto
um descanso de colo
um leitinho quentinho de mulher
e a firmeza da mão de Adão;
a desolação e o seu final
a morte e o seu final.

Queria agora duas vidas apenas
e penas para voar
queria um melhor amigo para sempre
um deusinho do meu tamaninho
que refletisse os meus gestos
sem receios
sem confusão;
de bumbum no chão
correndo riscos com estilo
com a estirpe de gente
sem dentes sorrindo; como um buda bacana de boné para
   trás e a barriga pelada à frente com o seu único olho
   raso olhando para Eu...
Meu deusinho.

MORTE E VIDA

A morte

Adoro sorrir.
Espero sorrir depois.
Dar um sorriso maroto, comer um biscoito, de lado.
Não sentir o medo ao lado.
Continuar.
No ar, flutuando com vista para uma terra azul!
Em ventre quente de mãe
em abraço de barba de pai.
Todos sorrindo em pleno domingo...
Eterno!

Sou uma *estrela sem brilho*, pois o sol pertence aos seus olhos. Às vezes, não sei o que dizer ou não quero dizer nada, o errado sempre sai de nossas bocas estúpidas; dos seus olhos, somente luz. Sou *lua, uivo* e *transformação a cada dia*. Estou aprendendo a calar-me para a existência, a deixá-la seguir... Ora, existo melhor assim: vivendo mais o presente da vida; com você.

As pessoas estão precisando de mim e eu só penso em mim. Penso sobre o pensamento e sinto um pouco de culpa. Conquanto, não esqueci por completo, uma breve lembrança: o muito carinho que sentíamos um pelo outro, por nossas crianças que ainda nem nasceram e pelos nossos estimados bichos de estimação que já morreram. Eu não quero que você vá! Se você for, quero ir também. Ir e reencontrar todos que estavam precisando. Preciso pedir desculpas.

Dizem que a natureza é perfeita. Daí, você sai a cantar pelos campos e *kabrummm!* Um raio na sua cabeça e você vira carvão. Te enterram sob a terra e os vermes da Terra comem você bem-passado. Da barriga dos vermes você sai e continua o ciclo... Somos realmente bem pequenos. A nossa natureza é falha; somos parte da natureza. Contudo, ela faz você nascer de novo. Chegou a hora da revanche da vaca!

Quando morrer quero viver nos meus sonhos. Daí, se você sonhar também, poderemos nos reencontrar. Mas não quero mais escrever sobre a morte. Quero escrever mais sobre o *mais viver*. Quero viver; sonhando com você, ir pra cama com você, acordar com você até ficar velhinho e morrer.

Sombra empalidece; o sol brilha lá fora. As minhas pálpebras estão leves e a palpabilidade que tanto anseio está às margens daquele regato... Agora sinto os meus pés firmes no chão! Sinto a existência na pele. Só penso no aqui e no agora, uma concentração de pensamentos simples e prazerosos prevalece. Quero ser mais assim!

Passo os dias buscando *força de vida*. Encontro mais fragilidades do que certezas. Contudo, a certeza da dúvida me consola. Deus está lá fora em algum lugar, nas pessoas como eu, imprecisas, querendo acertar. O alvo da dor: as minhas fontes. Com a ponta dos dedos as massageio e escrevo; continuo buscando...

Admiração

Não sabemos mais admirar como uma criança. Diante dos nossos olhos, a vida pulsa e o calor do sangue faz a íris brilhar! Por que então perdemos o *encanto da admiração*, a *vida dos olhos*?! Observava uma Criança Admirada... Ela observava um cão... O cachorro sorria para ela com a língua para fora e, para fora, transbordavam a alegria, o encantamento, a Admiração. Seus olhos brilhavam, o sangue pulsava; a vida, com força, apresentava-se! A nossa criança vibrava e sorria dando risadinhas eufóricas; um mosquito alegre voava parelho... E, naquele momento, tudo era Admiração.

ÀS NOSSAS CRIANÇAS
À MINHA CRIANÇA

O sapo corajoso

O sapo corajoso vai atravessar o rio a nado, pelado, para o outro lado...
Travessia perigosa
água tortuosa.
A traíra dentuça está faminta! E o peixe-abotoado está embaixo observando o sapo no alto remando de perna...
pedra. Ufa!

Outros dentes desvencilhar
nadar em corredeira dá azar.
Peixe-cachorro come anfíbio
piau gosta de milho; mandi, de minhoca
sapo, de perereca.

Do outro lado, molhado.
Pescador; o meu amor
embaixo da pedra.

Cisquinho

Sai pra lá, cisquinho, meu pezinho!
Colinho do meu tio. Tchau, cisquinho!
Você embaixo
eu encaixo na cintura do meu tio.
O pé dele tá sujo
o meu, limpinho.

Porém, cisquinho sabe voar... assentou no meu olho
comecei a chorar.
Meu tio soprou
voltei a brincar.

Me joga pra cima
bem longe do chão
vou voar passarinho
bicar um cisquinho
virar avião!

A vida está boa, não posso reclamar. Estou forte, vou ser pai, criar. Sentir-me o Criador, como um deus menor. A minha estatura você vai alcançar. Vai engatinhar, caminhar, correr, dormir; e em seus sonhos... escrever como o papai.

Uplact!

Uplact para o alto!
Um pulinho para o alto
nos braços do meu pai.
Ainda não sei pular, por isso, meu pai pula pra mim
me joga assim – *Uplact* para o alto!
Um salto, um saltito cuidadoso assim – um *Uplact* para cima
em cima da barriga do meu pai
ou em seu colo caminhando e brincando de pular – *Uplact!*
Adoro saltar com o meu pai e soltar risadinhas pra minha mãe.
Uplact!

Meu amigo limãozinho

Meu amigo limãozinho é rugoso e lisinho
é verdinho como o alien animado da TV.
É meu amigo; vem comigo!
Eu mordi... é azedo!
Meu amigo limãozinho "é bolinha na minha mão"
meu brinquedo favorito.
Com o dedinho eu lhe faço um carinho
e com a língua
uma caretinha de limão!

Sorriso de barba (O Mundo de Cima do Papai)

O Mundo de Cima do Papai: a torneira aberta é divertida; o sabão escorregadio eu já comi. Coisas da vida difíceis de alcançar.
Meus sovaquinhos ao alcance de suas mãos... O sapato empoeirado sobre o armário; sobre a cama, uma casca de banana. Cadê o macaco?! Sou eu bem no alto, no colo do meu pai.
Quero outra banana, papai! Na fruteira, em cima da geladeira.
As mãozinhas lambuzadas... a torneira aberta é divertida. Uma risadinha respingada e, ao meu lado, bem pertinho o sorriso de barba do meu pai!

O brinco da Isabel

Foi para o Beleléu o brinco da Isabel!
Foi como na história; no meu livro do primário;
da terceira série.
No armário?! Não, sumiu. Foi para o Beleléu!
As boas lembranças dos tempos de infância, dos tempos
da escola... A sacola cheia de coisas novas de papelaria:
lápis, lapiseira 0.7; eu "pintando o sete" e colando
glitter brilhante...
E o brinco brilhante da orelhinha da Isabel?! Caiu, sumiu.
Juntou-se ao Monte das Quinquilharias Perdidas no reino
do Beleléu.

(Dizem que o seu rei é um duende sapeca que fica de cueca
sentado lá no topo!)

Os seres da terra

Quem cavoucou a terra do tatu? Foi o minhocuçu ou a formiguinha?
Eu usei a pazinha que o meu pai comprou
e as mãozinhas que a minha mãe lavou; já o totó... usou as patinhas.
Não vamos enterrar um osso, vamos enterrar moedinhas, brincar de pirata!
Papai, venha cá! Me ajude a cavar! No fundo do buraco vamos colocar uma cápsula, uma cápsula do tempo para registrar o tempo que passou, as belezas dessa Terra, os bichinhos que cavoucam a terra
os seres da terra
eu e o senhor.

A tartaruga laranja

De repente a tartaruga laranja olhou para mim e
eu me lembrei de você
daquele seu jeito de olhar... Dos seus olhos
pequenos-grandes
com aqueles cílios bonitos-grandes e aquele
brilho imenso como o mar.
Vamos brincar de nadar com a tartaruga laranja?! Vamos
chamar a mamãe para irmos até a nossa pequena ilha?
Nós sobre a tartaruga laranja.

Meu pé de feijão

Nasceu um pé de feijão de folhas de coração no meu jardim.
Mas a sua bagem ainda não nasceu porque ele
ainda é pequeno
como "a minha pequena", ainda criança.
Como "a minha pequena", o meu pé de feijão não tem um
irmão, mas tem a grama rasteira como sua companheira
mais próxima; e a cebolinha verdinha como sua vizinha
distante...
Será que um dia vou comer feijão do meu pé de feijão?!
Vou alcançar o gigante.

"O UNIVERSO QUANDO EU ERA CRIANÇA ERA ESCURO E CHEIO DE ESTRELAS
HOJE
É SOMENTE ESCURO
A GRAÇA DA CRIANÇA SE FOI.
POR ISSO
É MELHOR SER CRIANÇA
A LUZ DAS ESTRELAS SALTA AOS OLHOS;
ENQUANTO A ESCURIDÃO PERMANECE ESCONDIDA LÁ DO OUTRO LADO DA LUA."

SONHOS E DEVANEIOS

Sonhos estranhos

Sonhei com o meu tio João. Ele pegava a minha mão e
cantava um "modão de pássaros" pra mim.
Salvava a criança, alimentava a esperança, alimentava os
meus sonhos.
Sonhos: detalhes, retalhos, atalhos, frangalhos, o Todo
bonito; ou, simplesmente, simplicidades inesperadas de tio.

Sonhei que Simão de Cirene era uma mulher, uma mulher
guerreira armada de espada.
Uma cruz de espadas pesada, caída... guerreira de pé.
Sua carne, esfolada; suas cicatrizes, em minhas mãos. Pude
senti-las nas pontas dos dedos, no abraço
nosso abraço de afeto
e fé.

Hoje eu sonhei com o Luiz. Ele pintava feliz um quadro
esparramado, pregado, parecia arte do rosário; dobrando o
seu pincel com força!
Com força eu lhe pedi: o marrom, o branco, pessoas
perambulando, mulheres soltas, as mamas soltas...
Seu pincel solto em meu sonho fazia arte em sonho
sonho em arte: um quadro esquizofrênico de todos-nós.

Sonhei com um amigo meu que ainda não morreu. Ele
fazia um *tuim* de lá pra mim e eu respondia com um
tuim de cá. Tentava eu explicar a ele sobre o *tuim* das
coisas, sobre o *tuim* do fogo que tanto gosto de acender,
do valor seminal no interior das chamas... Enquanto
nós sonhávamos, eu respondia, tentava, explicava e
moqueava a nossa janta; celebrávamos a vida dos amigos
vivos e mortos.

Um sonho de pescaria (Excepcionalmente, um sonho normal)

Vocês já "viveram" uma história de pescaria em sonho?! Sonhei com a água até quase o joelho, em um ribeirão sem o "ão", pois era pequeno, pequeno como este meu sonho, mas muito bom! A vara estava esticada até o outro lado, a linha estava esticada até o outro lado, no verde-escuro do poço, em meu sonho comum. Com uma das mãos eu soltava a quirela, que escorria direitinho na corrente da água até o escurinho debaixo das pedras; e o anzol iscado com milho procurava a boca do peixe piau... que puxou do seu jeito ligeiro, um risco na água! E a vara envergada, muito feliz, trouxe para fora o fim desse meu sonho normal.

A paz na montanha (Mais um sonho estranho)

Sonhei que fui procurar a paz na montanha. Trilhei por
    uma estrada estranha
encontrei um bando de lhamas, hippies sem paz como eu.
Um fardo sobre a costa; na encosta, a um trisco do
    precipício
subindo
à procura de mim...

Na Cidade Sagrada os portões estavam trancados; os
    monges, abertamente sorrindo, gentis. Repouso sob as
    Árvores Sagradas.
De manhã
na estrada de volta
continuo a procura de mim...

Pergolado de sonhos

O meu pergolado à beira do lago será. A sua cobertura
de folhas verdes será.
Seara de folhas caídas
varridas com esmero do chão.
Meu sonho
cheio de cuidados: da casa ao lago, um caminho ladrilhado
 por simplicidades; do alto, escorrendo, delicados cipós.
 Pendurados às extremidades, os nossos sonhos
ao alcance de nossas mãos.

Queria ser um hippie

Queria ser um hippie
e peregrinar com uma barraquinha... armá-la numa
 pracinha, com graça.
Filosofar conversando, fumar costurando; contando
 conchas do mar com as mãos...
Ir para São Paulo, não. Santa Catarina.
Santa anarquia, um dia...
Sorria!
Liberdade.

Homem-zero

Zero
quero retornar ao zero e ser
o homem-zero
um homem das cavernas de Plutão;
e nos anéis cósmicos de Saturno
reencontrar
a realidade primordial
a aliança da reconciliação.

Por que não já dizer que sou o que vou ser?! Sou cuidador, sou poeta, sou um *roceiro do futuro*. Estou cansado de cuidar, escrevo, vou plantar. Plantar palavras de zelo e colher pequenos frutos, pequenos frutos de ler.

POESIA
SOBRE
POESIA

Cuidador de folhas tristes

Tristonhas
ao vento
levadas
ao vento.

Tristonho
sem vento
parado
sem vento.

Frio
o vento;
quentes
as mãos.

Tristonho ao vento
menino feliz
as folhas nas mãos.

Resgate
cuidado
escritas com cuidado
cuidadas à mão.

São as folhas que cuidam de mim

Passo as folhas para trás
passo as folhas para trás, novamente. As mesmas folhas
 queridas que já escrevi.
Cuido das folhas desde quando criança; cuido das letras,
 das palavras nas folhas e de todos os pontos... Mas quem
 cuida de mim?!
Eu mesmo
escrevendo e cuidando das folhas.

Pensei em algo, mas não escrevi. A ideia era boa, mas se perdeu. Era sobre um homem qualquer e a sua família, suas rotinas bestas. Agora, sem opções, escrevo qualquer coisa besta sobre o escrever.

Caligrafias

Caligrafias:
a caligra**fria** é gelada e sem vida
a **calor**grafia reaquece o coração do poeta
a **calo**grafia está na ponta dos dedos
e a caligra**feia** ficou bonita transformada por fada;
a **magi**grafia tornou-se runa na pedra
a **rock**grafia é tocada por baixo
a **baixa**grafia foi cravada na base da montanha pelas mãos
    do mestre anão
enquanto a **alta**grafia continua sem ganchos aqui.

Comumgrafia é a comunhão do comum das palavras com o
    comum de outras palavras
hão de escrever.

Fome de palavras

Eu estava com fome
fome de palavras.
Abóbora, feijão, couve e pimenta são palavras que enchem a
 barriga vazia.
A mente esvazia
escrevo sem fome.
Que gostoso estava!

Aldravia do coração

Não sei escrever em quadras; fiz arte nos muros do
　quarteirão. Ilustrações, corações, flores e carrancas
　engraçadas; uma careta às pessoas que passavam
e com a língua
um palavrão!
Grandes palavras de amor: amor e guerra! Os artistas nas
　calçadas, nas praças, nas aldravias pelas vias... nas portas
　das casas
perpetuando
o bater do coração.

O pingo do i

Hoje aprendi a pingar o *i*
i - j - l - m - o jota tem o pingo também
Pingo de caneta esferográfica
grafia bonita
alegoria bonita da nossa escrita
Este verso não tem *is*
O penúltimo, somente um
O último, um ponto-final. (Parece o pingo do *i*)

A mosca, as traças; e as palavras sórdidas e podres

A mosca seca observa as traças secas e revela a sua morte: a
   aranha.
As traças, logo abaixo, na mesma parede cascorenta,
   revelam a sua morte: o tempo.
As moscas-varejeiras botam larvas; como traças sem as
   carapaças.
As traças traçam os meus livros perdidos dentro da caixa
   das baratas
e as palavras no meu livro
encontram a sordidez e a podridão.

Palavras altas

Estou cagando e andando...
Venham ver meus vermes
venham ler as minhas mentiras: estou com HIV; estou
    pirado no Piauí; o Carnaval está chegando.
Vestidos em fantasias
venham ler as minhas palavras altas:
altiplano poético sem plano
pico
dois ponteiros
meio-dia
vermes na minha bunda.

POESIA LISA E
CABELUDA[+18]

Por que o dia de irmos embora é o dia mais bonito?! O sol brilha de uma forma intensa e uma brisa fresca faz com que a vontade de comer pão de queijo fique na saudade. Não queria ir. Queria curtir seu amor mais um pouco, sossegar no sofá mais um pouco, ver aquele restante de filme passar e passar a mão em você...

Vendedor de flores

Imagem bonita e singela: o menino à janela
esperando o vendedor de flores passar... em seu caixote de
    pinos... respingos em seus óculos de cantor.
Lenon é o seu nome.
Jorge vai cantar.
Ana
meu amor.[3]

(Vou comprar tulipas pra você!)

---

3. Inspirado na versão em português da canção "The Blower's Daughter"; interpretada por Ana Carolina e Seu Jorge.

Algumas coisas dessa vida são tão grandes... E eu cá no meu mundinho pescando peixinhos, ciscando bichinhos debaixo de um pé de caju; catando letrinhas e pequenas palavras para expressar coisas enormes. O tempo e a sua força, a matéria e a sua consistência. A minha força maior gravita ao redor do seu sítio. Recostado e descalço espero o dia surgir... Espero você surgir... Vamos passar um café e passar mais um dia juntinhos. Grande é o nosso amor.

Viagem de volta

Avistei dois campeirinhos[4] sozinhos. Um esticado ao vento;
  outro sossegado, à sombra.
Avistei uma perdiz também, perdida, desmilinguida pelo
  campo...
Passou o barranco da grota, do rio
o capim verde correndo ligeiro, sorrateiro e alto
pelo asfalto
eu vou...
Tem fazenda com boi deitado, tem cidade, cidades...
comadres; madres de muitas igrejas, o Seu Zé de bicicleta
e eu à janela trepidando em vermelho com o peito apertado.
Você ao meu lado não está.

---

4. Veados-campeiros são cervos. Mamíferos ruminantes, eventualmente encontrados nas campinas de cerrado.

Sinto-me inteiro. Aquela desolação onírica passou e uma brisa refresca os corredores, o meu corpo musculoso. A minha barba certinha faz-me sentir bonito; a minha caneta certinha faz-me sentir novamente as ondas de horror. Estou sendo arrastado... estendo a mão, alcanço suas tranças, seguro agora estou. Após a minha escalada vou beijar você inteira!

Gosto de ver minha nudez revelada no espelho, tenho a aparência do Homem Vitruviano.[5] De braços abertos, pronto para abraçar o mundo; calcular as distâncias humanas, dimensionar a falta de equilíbrio, de proporção entre vocês. Desnudos somos mais gostosos. Por que pele por cima de pele?! Pelados somos melhores.

---

5. Famoso desenho realizado por Leonardo da Vinci (1490).

Sacanagem

Você dentro de mim
a sua língua na minha boca babando
o seu grelo latejando
o cheiro da maçã do seu nariz
fudiz.
Fungadas na sua bunda, segunda
terça, sexta, sexo
sem nexo
no teto.

Meus testículos estão doendo... Em meu desejo: um beijo de pele. Daqueles que sugam a alma alheia pra dentro de si; a baba doce da sua língua. Néctar humano, oceano de cheiros cutâneos... pelos pubianos na minha boca. Peito com peito, coração com coração. Sinta aqui a minha dor, o meu inchaço! O meu abraço por trás te penetrando e retirando do seu interior o gozo gostoso da carne, da *não fala*; das *palavras não pudicas* do meu teclado safado dizendo sobre a minha dor. Ela continua.

Ferreiro saliente

Metal incandescente: vermelho, saliente!
Marreta
bigorna
dobra
falo.
É a arte samurai soprando o "borrai";
é o fole do acorde tocando o coração da gente
e a aguardente esquentando ainda mais!
Instigando a vontade de mais tarde... desembainhar
tomar um banho com você.

Há gente no shopping das bananas; com calor

Há gente que gosta de tomar cerveja escura numa tarde de calor
há gente que gosta de dar o ânus numa tarde de calor
há gente que não gosta de subir escadas, haja vista o calor
há gente com folga nas lojas nesta tarde de calor
há gente com folga no anel do casamento
há o vento que lambe a gente por trás amenizando o calor;
e tem o coração que ainda bate
mesmo sem amor.

Sem amor
vou bater uma masturbação e fazer um carinho no seu rosto... sorriso, coração perdido aqui, porta... aberturas.

Fazer sexo é como lanchar. Não é muito diferente disso ou daquilo. Não pode ser tabu. Se você quiser dar o... fazer sexo anal, que mal tem?! Coma, seja comido, "seja comida". Seja como lanchar, normal. Chupe o meu... Chupe uma fruta no lanche da tarde, desfrute e se deixe lambuzar! Contudo, espalhe suas sementes com cuidado, crie seus filhos com responsabilidade e não omita a eles sobre como é bom fazer sexo e lanchar.

lápis
ápice
zíper
zip
zap
mensagem
bagem
ervilha
virilha
ilha
com você.

HOMENAGENS

As gatas lá de casa...

As gatas lá de casa...
Zuca, maluca! Da ninhada ninada ficou.
Estimada.
Esticada, magrela e bela.
Tapa na bunda; pula a janela: moleca.
Chama o seu nome, ela vem. Chama nos olhos de alguém
    que gosta.
Gatinha nascida na caixa.
Baixa! Ela rela/encosta e gosta.
Lá vem a Chita também...

Chita, bonita.
Mãe carinhosa, mimosa.
Não pula o muro escuro.
Cinza
branca.[6]

---

6. A Zuca e a Chita são as nossas queridas gatas de estimação.

28 de julho de 2014

Por que choro a morte de Ariano?
Entre nós elos e verdades? Onças acabando?
Suçuaranas, Suassuna... brasileiro bravio, que, se com "z" eu escrevesse, ressuscitaria!
Ariano branco, mulato claro, preto, pardo...
Mentiroso gostoso como Chicó, morte mentirosa.
Verdade, sim, vive: brasilidade![7]

---

7. Afora demais apresentações, Ariano Vilar Suassuna foi escritor e um preeminente defensor da cultura nordestina brasileira (16/6/1927-23/7/2014).

Inezita

Reis, rainhas, gargantas, sinfonias
e mais uma "marvada" dose de pinga.
Sejam bem-vindos! Sejam bem-vindas!
Emoção profunda do coração; feijão cozinhando...
O meu peito literalmente dói, porém, continuo; contudo...
 perdas.
Minhas mãos continuam em gestos por querer, quero.
Choro em querência de você, quero
quero viver o meu sertão com música.
Eu tão sem música... tão triste... ouvindo a sua voz
 silenciada querendo cantar; escrevendo, feliz, versos
 para você, minha querida
Inezita.[8]

---

8. Poema escrito nas circunstâncias do falecimento de Inezita Barroso, Ignez Magdalena Aranha de Lima (4/3/1925-8/3/2015).

Sr. Brasil

Vou escrever um poema para o Sr. Brasil no dia em que ele morrer...
Mas antes de assisti-lo morrer, vou assisti-lo prosear outra vez, versar poesia, "cantar a viola", cruzar suas pernas atento à arte, retirando da gaveta um-pouquinho-de-nós... Brasileiros! Artistas!
Ainda antes de assisti-lo morrer, vou também assisti-lo sorrir
e admirar o seu olhar claro-azul resplandecer
assim como a imagem(da arte) do nosso Brasil.[9]

---

9. Ao Sr. Brasil, Rolando Boldrin.

A poesia no barbante

O vento é o vento.
Vento de chuva
cacho de uva
no pergolado.

O vento é o vento.
Vento largado
mandou um recado: Lá vem a chuva!

Urro de vento
urro de mula!
Lá vem a chuva
por trás da serra.

Serra bonita... azul e escaldada
Serra Pelada
ouro anil.

Anel de ouro
peço socorro!
Lá vem a chuva
do casamento...

O vento é o vento.
Não é outra coisa
disseram teimosas
partículas teimosas
em movimento: O vento é o vento.[10]

---

10. A minha singela homenagem à literatura, à poesia de cordel.

O centro(da gente)

O centro da cidade está quente, com muita gente e gente de
   todos os tipos.
O centro da cidade em chuva tem pamonha quente e
   comida típica de todos os tipos.
Da rua 3 à 4... as calçadas, o asfalto e gente de todos os
   tipos passando
roçando os ombros, os trabalhadores, as dolores; os
   sofredores, pedindo.

A arte do centro é *déco*; *decó*, o caminho.
A beleza de suas cores é sutil; nas pessoas... é viva! Goianos,
   mineiros, baianos, paraenses, tocantinenses e gente de
   todos os tipos.

No Mercado Central: o encontro, as lembranças, o
   aconchego das cabaças penduradas e das rodas de fumo.
   A conversa aqui não "empata", a empada é de frango,
   pequi e gueroba.

A cultura do centro é nossa
dos botecos, da cerveja e de gente de todos os tipos.
Sua pureza e seu lixo são de uma era passada, encantada
encanto da nossa cidade.

No centro(da gente), na praça central, remanesce estática a
   opressão.
A nossa liberdade está no mijo, no mijo do mendigo, no
   canto
e em gente de todos os tipos.[11]

---

11. Ao centro de Goiânia e aos goianienses de todos os tipos.

O poeta e a poetisa em diálogo matinal

Bom dia, querida poetisa! O que tens para mim?
"Tenho o meu caderno de palavras escritas com esmero, à mão. Poemas que valem a pena, são meus. Não são como os de Cecília ou os de Alice, são como os da Menina da Ponte. Alvo está o meu cabelo; o papel está rabiscado. Histórias de vida, minha vida simplesmente, minha mente simples. Meu sonho de ser escritora concretizado em livros brocados por agulhas e linhas, sem fim..."
Obrigado, querida poetisa! Realmente tens para mim.[12]

---

12. Às poetisas do nosso Brasil; para Sônia Maria Barbosa.

ET CETERAS POÉTICAS
E
RETICÊNCIAS NO FINAL

Tempero de lágrimas

Você já comeu chorando? Temperando com o sal das
 lágrimas a papa?
Já chorou sorrindo? Tempero divino.
Divino também é o shoyu, molha e salga.
Sal não é ruim.
Ruim é não poder experimentar
limitar o paladar
sem graça viver.
Viver uma mesmice ou engasgado, seco
sem se molhar
em águas salgadas ou doces que sejam...
Mar.

Nariz de chuva

Da janela um pingo feliz... uma flor na ponta do meu nariz.
Palhaçadas na chuva, sorridente, dançando!
É o meu nariz engraçado, molhado, de lado; pontudo,
    rombudo
ou simplesmente, *nariz de chuva.*
Florido
comprido
em néctar, melado.
Vou passar o dedo na ponta do seu... vai nascer outra flor!

Passarinhos

Um caça cobra
outro, coró;
mais um outro dá nó no cipó.
Tizius no capim sorriem pra mim!
Pica-pau bate cabeça, vai ficar maluco.
O cuco ficou, só marca a hora.
Não demore, não! Já é meio-dia.
Mil cantorias!

Cidade grande

Há um tumulto na cidade!
As pessoas não falam mais; as máquinas falam mais.
No guichê não se vê.
Uma brevidade no discurso.
Ouviu o soluço? Mais "um trago"... um prato de arroz com feijão... um cidadão qualquer. Apenas "mais um", o primeiro do pisoteio talvez.
E a fila do sorteio, um quarteirão inteiro!
Acumulou mesmo.

Os gatos e os mendigos são amigos, encontram-se à porta da repartição. Dividem as migalhas com os pombos, comem os pombos, assam o papel, cobrem-se de papelão... juntinhos, com frio. A noite vai ser dura. A polícia, às vezes, é dura. A nossa vida não é fácil, não. Contudo, hoje tem sopão. E a ração dos gatinhos? Somente os ratos da repartição.

Arqueados

Arqueado segue o velho
arqueado como um velho arco de guerra
e o seu arco de pua
no saco de linha.
Sujos e arqueados nós seguimos à margem
na estrada
nas curvas da vida...

Cuido da minha saúde mental enquanto cuido dos loucos; penso em você

psicotrópico dos trópicos - abacaxi gelado
abaixo da linha do equador - bode austral
coador de café - são paulo
rio de janeiro - pão de pedra
asa delta - homem pássaro
super - capa
capa - homem a cavalo
meu pai molhado pelo orvalho - suor
trabalho - caneta
esfera - azul terra
pasta azul de apoio - escrita
hífen - hífen
hí - fen

preciso sentir saudade
preciso chupar
preciso pôr na boca; você para dentro
preciso ficar colado no seu corpo molhado, esfregando
preciso do olho no olho
preciso meter em você e gozar poesia.

Apego e Zelo

Apegue-se
apegue-se àquilo que você tem.
Zele
zele de si mesmo
e dos outros, também.

a poesia sobre reticências... um caminho sem fim... sobre reticências.
... ...

Esta obra foi composta em Minion Pro e impressa em
papel Pólen Soft 80 g/m² pela gráfica Meta.